# Heute

# geht

# es

# mir

# gut!

## Impulse & Zitate

Rolf-D. Michels

# Für alle die Spaß

# am NEUEM haben.

**Heute geht es mir gut!**

3. Auflage 2012

ISBN: 9783844806137

Herstellung und Verlag: Books on Demand GmbH, Norderstedt

# Warum diese Textsammlung?

Ich habe im Laufe vieler Jahre immer wieder Zitate und "Weisheiten" gelesen, die meinen Klienten und mir geholfen haben die Welt auf eine neue Art zu sehen und mich darin zurechtzufinden.

Daher habe ich einige Texte auf den folgenden Seiten für interessierte Leser zusammengestellt.

Mögen Sie Ihnen helfen sich in eine guten, nachdenklichen, interessierten, motivierten oder auch in den Zustand zu versetzen den SIE gerade brauchen.

Diese Textsammlung können Sie Seite für Seite lesen oder einfach aufschlagen. Ganz nach Ihrer Intuition!

Lassen Sie sich überraschen was gerade der Text auf dieser Seite, die Sie aufgeschlagen haben, in diesem Moment bei Ihnen auslöst, bewirkt oder oder...!

Viel Spaß beim lesenden Erleben.

Rolf-D. Michels

***Berater, Trainer und Coach für Menschen in verantwortungsvollen Positionen.***

Weitere Infos und Möglichkeiten der Kontaktaufnahme finden Sie am Ende des Buches.

DU

bist der

wichtigste
Mensch


in

DEINEM

Leben!

Träume nicht

DEIN Leben -

LEBE DEINEN TRAUM!

Unser

größter

Feind

ist unsere

eigene

Entschlusslosigkeit!

Der menschliche Geist

gleicht einem

Fallschirm.

Er kann nur

funktionieren

wenn er offen ist.

Wer die

absolute

Sicherheit

sucht

findet

Verzweiflung

.

Betrachte einmal
die Dinge von
einer anderen Seite,


als DU
sie bisher sahst.


Denn das heißt
ein neues Leben
zu beginnen.

Marc Aurel

Wer -

wenn nicht

DU,

und

wann,

wenn

nicht

jetzt.

Vergib deinen

Feinden immer!

Nichts ärgert

sie so sehr!

Oscar Wilde

Der Mensch erkennt
die Welt nicht
durch das,
was er ihr entnimmt,

sondern durch das,
was er an Träumen
hinzufügt.

Erwirb neues Wissen,

während du das ALTE

überdenkst,

so wirst du anderen

zum Lehrer.

Konfuzius

Am besten nützen
wir uns selbst,

wenn wir anderen
gutes tun;

die richtige Art zu
sammeln,

ist auszuteilen

Seneca

Behandle

die Menschen so,

als wären sie,

was sie sein sollten,

und DU hilfst ihnen

zu werden,

was sie sein können.

J.W. von Goethe

Versagen

darfst

DU,

aber

aufgeben

nicht.

Wer
alleine
arbeitet,

addiert.

-

Wer
zusammenarbeitet

multipliziert

Die beste

Möglichkeit um

eine Ressource zur

Verfügung zu haben,

ist sich an sie zu

erinnern.

Es ist nicht wenig Zeit,
was wir haben,

sondern es ist viel,
was wir nicht nützen

Solange man versucht,

etwas anderes zu sein,

als man tatsächlich ist,

erschöpft sich der Geist.

Krishnamurti

Wenn man nur

genug lieben könnte,

wäre man der

mächtigste

Mensch der Welt.

Wer viel über andere weiß,
ist vielleicht gebildet,

aber wer sich selbst kennt,
ist klug.

Wer andere beherrscht,
ist vielleicht mächtig,
aber
wer sich selbst
beherrscht,

ist noch viel mächtiger

Lao-tse

Wenn sie das tun,
was sie immer
getan haben,

werden sie auch
das bekommen,

was sie immer
bekommen haben.

Also:

Tun SIE etwas
ANDERES!!!

Ein vernünftiger Mensch
passt sich der Welt an.

Ein unvernünftiger
Mensch versucht
beharrlich,

die Welt der eigenen
Person anzupassen.

Darum hängt aller
Fortschritt
von den Unvernünftigen ab.

George Bernard Shaw.

Liebe dich
soviel du kannst!

Und wenn du
unfähig bist,
dich zu lieben,

dann liebe dich
einfach nur dafür,

dass du unfähig bist,
dich zu lieben.

Thaddeus Golas

Wer immer es war,
der sagte,

wir hätten nur
zwei Seelen,

die in unserer
Brust kämpfen,

unterschätzt die Anzahl um
ein Beträchtliches.

Solange du versuchst,
etwas anders zu sein,
als du wirklich bist,

erschöpft sich dein Geist.

Doch wenn du sagst:

"Dies ist, was ich bin; es ist
eine Tatsache, die ich
untersuchen und
verstehen werde",

kannst DU
    darüber hinausgehen.

Krishnamurti

Lernfähig zu sein heißt,
jung
zu sein,

und wer immer die
Freude am Lernen
in sich wachhält,

bleibt ewig jung.

J.G. Benett

Unser Leben

wird durch unser

Denken geformt.

Wir werden zu dem,

worauf wir unsere

Gedanken richten.

Gott schläft im Stein,

träumt in der Blume,

atmet im Tier,

und erwacht

im Menschen

Indisches Sprichwort

Das Leben ist ein Versprechen, erfülle es.

Das Leben ist eine Traurigkeit, überwinde sie.

Das Leben ist eine Hymne, singe sie.

Das Leben ist ein Kampf, nimm ihn an.

Das Leben ist eine Tragödie, ringe mit ihr.

Das Leben ist ein Abenteuer, wage es.

Das Leben ist Glück, verdiene es.

Das Leben ist das Leben, verteidige es,

Mutter Theresa

Um Wissen zu erwerben,

füge ich

jeden Tag etwas hinzu.

Um Weisheit zu
erwerben,

entferne ich

jeden Tag etwas.

Lao-Tse

Dich vor dem
abzuwenden,

was du fürchtest,

ist nicht dasselbe,

wie dich dem
zuzuwenden,

was du willst.

Was willst DU?

Solange es keinen Feind

im Inneren gibt,

kann uns der Feind

im Außen

nichts anhaben.

afrikanisches Sprichwort

Wachsen heißt,

sich auf der Grenze

zwischen Selbstkontrolle

und

sich-gehen-lassen

zu bewegen.

Carlos Castaneda

Der einzige wahre Sinn

des Lebens liegt darin,

es voll und ganz

zu

er-leben.

M. Salzmann

Solange du nicht willens bist,

angesichts dessen,

was du schon weißt,

Verwirrung zu empfinden,

wird das, was du weißt,

nie größer, besser oder

nützlicher werden können.

M. H. Erickson

Wenn das einzige

Werkzeug,

das du hast,

ein Hammer ist,

neigst du dazu,

alles so zu behandeln,

als wäre es ein Nagel.

Abraham Maslow

Es gibt nichts Gutes

oder Böses,

erst unsere Gedanken

machen es dazu.

Shakespeare

Wer den Tag

mit Lachen beginnt,

hat ihn bereits

gewonnen.

Geduld ist

Kraft

in höchster

Potenz.

Wer nicht weiß

wohin er will,

der darf sich

nicht wundern,

wenn er nicht ankommt.

Wer Schmetterlinge

lachen hört,

der weiß

wie Wolken riechen.

Es ist gefährlich,

anderen etwas

vorzumachen;

denn es endet damit,

dass man sich

selbst etwas vormacht.

Die größte Gefahr

im Leben ist,

dass man

zu vorsichtig wird.

A. Adler

Widerstand
beim
ANDEREN

ist das Ergebnis
meiner
fehlenden
Flexibilität.

Die Chance
zur Flexibilität

liegt immer
bei mir.

Phantasie

ist

wichtiger

als

Wissen.

Albert Einstein

Die Furcht tötet
das Bewusstsein.

Die Furcht führt zur
völliger Zerstörung.

Ich aber sehe ihr frei und
sicher ins Gesicht.

Sie kann mich völlig
durchdringen und
wird dann gehen.

Und wenn Sie von mir
gegangen ist,
werde ich noch
stärker sein.

Kleine Taten,

die man

ausführt,

sind besser

als große,

die man plant.

G. Marshall

Du bist die/der,

auf die/den

DU

so lange

gewartet hast.

Der Ärger von

HEUTE

sind die

guten alten Zeiten

von MORGEN!

Erfolg beruht darauf,

dass man ganz

gewöhnliche Dinge

ungewöhnlich

gut macht!

Lass dem anderen
die Freiheit
seinen eigenen Weg
zu gehen!

Lass ihm Ruhe,
lass ihm Zeit,
die Welt aus seiner
Sicht zu sehen.

Der Ursprung aller
Konflikte

zwischen mir

und meinen
Mitmenschen ist,


dass ich nicht sage,
was ich meine,

und dass ich nicht tue,

was ich sage.

Martin Buber

Wer glaubt,

etwas zu sein,

hat aufgehört,

etwas zu werden.

ICH

WILL

UND

ICH

WERDE!

Ich bin nicht nur überzeugt,
dass das, was ich sage, falsch ist,
sondern auch das, was man dagegen
sagen wird.

Trotzdem muss man anfangen,

davon zu reden.

Die Wahrheit liegt bei einem
solchen Gegenstand nicht in der
Mitte, sondern rundherum wie ein
Sack, der mit jeder neuen
Meinung, die man hineinstopft, seine
Form ändert, aber immer fester wird.

Robert Musil

Sie können es,

weil sie glauben,

dass sie es können.

Vergil

Das Wichtigste

in Sieg
oder
Niederlage

ist es,

sich selbst treu
zu bleiben!

Jeder Handlung

geht ein Gedanke

voraus!

- Welcher?

ICH
kann!

ICH
will!

ICH
tue!

Niemand wahrt

unseren Vorteil,

wenn es zu

seinem Nachteil ist.

Es ist ein riesiger

Unterschied

zwischen

viel Geld

verdienen

und

reich

sein.

Marlene Dietrich

Wir brauchen:

- vier Umarmungen pro Tag zum Überleben.

- acht Umarmungen pro Tag zur Erhaltung.

- zwölf Umarmungen pro Tag zum Wachsen.

Virginia Satir

Um sich selbst
zu verstehen,

muss man von anderen
verstanden werden.

Um vom anderen
verstanden zu werden,

muss man den anderen
verstehen.

Es sind nicht
die Umstände,
die den Menschen
schaffen.

Der Mensch ist es,
der die Umstände
schafft.

Benjamin Franklin

Wer denkt
die Menschen sind faul,
der irrt.

Sie haben bloß keine
Ziele, die es sich zu
verfolgen lohnt.

A. Robbins

Ob DU glaubst,

DU kannst es,

oder es nicht glaubst

- DU hast recht.

Henry Ford

Lass dir
aus dem Wasser helfen
oder
du wirst ertrinken",

sprach der
freundliche Affe

und setzte den Fisch
sicher auf einen Baum.

Arabische Spruchweisheit

Man kann einen

anderen

nicht überholen,

wenn man in

seine

Fußstapfen

tritt.

F. Truffaut

Das große

Ziel des Lebens

ist nicht Wissen

sondern Handlung.

T. H. Huxley

Was wert ist,

getan zu werden,

ist auch wert,

GUT

getan zu werden.

Es ist nicht genug

zu wissen,

man muß auch

anwenden;

es ist nicht genug

zu wollen,

man muß auch tun.

J.W. von Goethe

Du kannst

die Brandung

nicht anhalten,

aber

DU

kannst surfen

lernen.

Es zählt nicht,

wie viel wir tun,

sondern

wie viel Liebe

wir in das legen,

was wir tun.

Mutter Theresa

Wenn du eine
Stunde lang
glücklich sein willst,
schlafe.

Wenn du einen Tag
glücklich sein willst,
gehe fischen.

Wenn du ein Jahr
lang glücklich sein
willst, habe ein
Vermögen.

Wenn du ein Leben
lang glücklich sein
willst, liebe deine
Arbeit.

aus China

Du

wirst

das

sein,

was

DU

tust.

Buddha

Es gibt zwei Arten
zu leben.

Die eine ist,
so zu leben,

als gäbe es keine
Wunder.

Die andere ist,
so zu leben,

als sei alles ein
einziges Wunder.

Albert Einstein.

Angewohnheiten

beginnen als

Spinnenfäden

und enden als

Stahldrähte!

Alle Erkenntnisse,
die wir über unser
eigenes Verhalten

und

unsere Umgebung
machen können,

basieren auf unseren
Wahrnehmungs-
Möglichkeiten.

Auch eine Reise

von tausend

Meilen

beginnt

immer erst mit

einem Schritt.

Chines. Sprichwort

Exakte

Wahrnehmung

und Sammlung

möglichst

vielfältiger

Informationen

sind die Grundlage

jeder guten

Kommunikation!

Veränderungen

dürfen

schnell

gehen

und

Spaß

machen!

Alle Sorge hat ein Ende,

wenn wir einen festen

Entschluss gefasst haben.

Cicero

Lieber Gott,
bitte lass mich das,
was ich nicht ändern kann,
gelassen hinnehmen.

Gib mir den Mut,
das zu ändern,
was ich ändern kann,

und

gib mir die Weisheit,
zwischen beiden Dingen zu
unterscheiden.

Jeder Mensch
ist einzigartig

und hat sein
eigenes Modell
von der Welt.

Jeder ist fähig,
sein eigenes Leben

in Richtung
auf seine Ziele
hin zu gestalten.

Jeder Mensch ist
einzigartig,

und jedem von uns
sind bestimmte
Eigenschaften
gegeben,

die besonders
ausgeprägt sind

und im späteren Leben
zu einem Spezialtalent
ausgebildet werden.

M. Morgan

Jeder Mensch
verfügt bereits über
dieAnlagen

zu allen Fähigkeiten
(Ressourcen),

um die von ihm
gewünschten

Veränderungen
herbeizuführen.

Wenn es zum Besten für
mich

und

zum Besten
für alles Leben
auf der Welt ist,

lasst mich bitte lernen.

M. Morgan

Jeder Mensch
hat einen
positiven Wert;

der Wert und
die Angemessenheit

seines

Verhaltens

jedoch wechseln.

Man kann nur dann
etwas an sich ändern,

wenn man von der
Notwendigkeit einer
Änderung
auch wirklich
überzeugt ist.

Ist diese Voraussetzung
erfüllt,

kann jeder Mensch
alles an sich ändern.

M. Morgan

# Heute

## ist

## ein

## guter

# TAG!

Als Berater, Trainer, Coach und Therapeut arbeite ich mit und für Menschen in verantwortungsvollen Positionen und speziellen Situationen.

Zitate, Metaphern und Geschichten setze ich in meiner Arbeit ein.

Sie sind eine Möglichkeit, auf bewusste und unbewusste Art, die eigenen Zustände positiv zu beeinflussen und zu verändern.

Wenn Sie an der Weiter-Entwicklung Ihrer Persönlichkeit interessiert sind, wenn Sie spezielle Situationen, Herausforderungen oder Aufgabenstellungen bearbeiten möchten, können Sie gerne meine Unterstützung in Anspruch nehmen.

Sie erreichen mich per Email unter: rolf-d.michels@t-online.de

Ein erfolgreiches Leben, bei guter Gesundheit, wünscht Ihnen:

Rolf-D. Michels